W0315917

KOMM MIT in die NATUR!

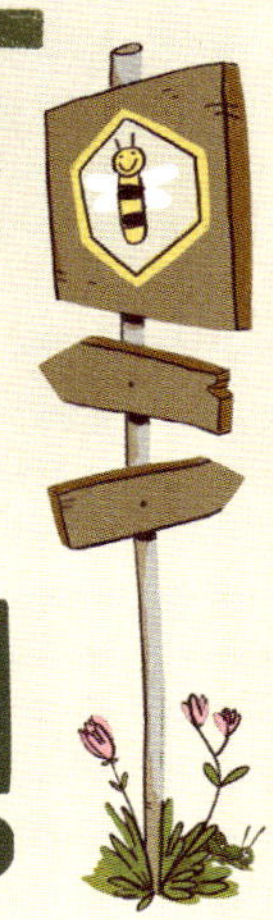

arsEdition

AUF SPURENSUCHE

Leonie ist ganz schön clever. Das nervt ihren kleinen Bruder Lukas manchmal ein bisschen. Vielleicht liegt das daran, dass sie ein Handy hat und er nicht.

Lukas ist ganz schön mutig und ein Draufgänger, der alles ausprobiert. Das nervt seine große Schwester Leonie, weil er immer viel anstellt, wenn sie zusammen unterwegs sind.

KALLE

3 Jahre

Kalle muss man einfach mögen. Der aufgeweckte Hund von Förster Bertram ist neugierig und kaum zu bremsen. Er ist ein treuer Begleiter, auf den man sich im Ernstfall verlassen kann.

FÖRSTER BERTRAM

45 Jahre

Bertram Schultze ist leidenschaftlich gerne Förster. Er liebt seine Arbeit im Naturgelände von Porsche. Wenn jemand seine Hilfe braucht, ist er da.

Nachts allein auf dem Werksgelände ...

... das ist eigentlich nicht erlaubt. Doch Leonie und Lukas wagen es trotzdem. Sie fürchten, Förster Bertram könnte etwas passiert sein. Oder warum steht sein Hund Kalle frühmorgens im Dunklen winselnd unter ihrem Fenster? Also schlüpfen die beiden durch ein Loch im Zaun des 132 Hektar großen Naturgeländes des Porsche-Werks in Leipzig und machen sich auf die Suche. Was sie erleben, wen sie treffen und welche interessanten Dinge sie dabei über einheimische und andere Tiere erfahren? Begleite sie doch einfach auf ihrer tierisch spannenden Safari!

Überraschender Besuch

Das Mondlicht kitzelt in den Augen. Leonie liegt im Bett und dreht sich verschlafen um. Irgendetwas hat sie geweckt. Leonie sieht auf ihren Wecker. Es ist kurz nach fünf Uhr morgens. Was ist das für ein Geräusch? Es kommt von draußen. Sie springt aus dem Bett und schleicht ins Zimmer ihres Bruders.

Lukas schläft. „Psst, psssst, Lukas!“, flüstert Leonie. Er blinzelt. „Da ist was im Garten. Lass uns nachschauen“, sagt Leonie. Jetzt ist Lukas hellwach.
Er schnappt seine Taschenlampe. Die liegt immer griffbereit neben seinem Bett. Vorsichtig öffnet Leonie das Fenster.

Draußen im Garten winselt ein Hund. Er wedelt dabei aufgeregt mit seinem Schwanz. Leonie und Lukas schauen sich an. „Wie kommt der denn hierher?“, fragt Leonie.

Lukas stupst seine Schwester an: „Das ist doch Kalle, der Hund von Förster Bertram, unserem Nachbarn. Was macht der denn um diese Zeit bei uns im Garten?“

Leonie und Lukas ziehen sich an. Sie schleichen durchs Haus, öffnen vorsichtig die Wohnungstür und gehen hinaus in den Garten. Kalle rennt immer wieder ein paar Meter weg und kommt dann wieder zurück.

„Ich glaube, ich weiß, warum er hier ist", sagt Lukas und zeigt auf Kalle, der einen Hut hinter einem Busch hervorzieht. „Der Hut gehört seinem Herrchen", meint Lukas. „Ich glaube, Kalle will, dass wir mitkommen. Vielleicht braucht Förster Bertram Hilfe", sagt Leonie. „Na, dann los", antwortet Lukas aufgeregt. Das Abenteuer beginnt.

Harmlose Vampire

Zum Glück hat Lukas seine Taschenlampe dabei. So können sie Kalle gut folgen. Er läuft durch hohes Gras und dichtes Gestrüpp – dann ist er verschwunden. „Da ist ein Loch im Zaun“, sagt Lukas. „Etwa zum Naturgelände von Porsche?“, fragt Leonie. „Da dürfen wir nicht einfach hinterher!“ „Oh doch!“, hört Leonie, und schon steht Lukas auf der anderen Seite. „Gefahr im Verzug!“ Leonie krabbelt hinterher und schreit plötzlich: „Iih, ich werde angegriffen!“

Lukas leuchtet seine Schwester an. „Ein Vampir! Ein Vampir“, schreit er. Und fügt schmunzelnd hinzu: „Scherz! Nur eine Fledermaus.“ Plötzlich bellt Kalle. Eine laute Stimme sagt: „Und die Fledermaus kann im Dunkeln sehen.“

Lukas richtet die Taschenlampe in die Finsternis und erkennt eine Frau mit Rucksack. Sie geht langsam auf die beiden Kinder zu.

„Was macht ihr denn hier – und dann auch noch so früh am Morgen?", fragt sie. „Kalle", Leonie zeigt auf den Hund, „sucht sein Herrchen, Bertram, den Förster, da sind wir ihm hinterhergerannt. Und wer bist du?" Die Frau kommt näher: „Ich bin Wiebke. Ich bin Biologin, also Wissenschaftlerin. Heute versuche ich, die Fledermäuse hier auf dem Gelände zu zählen." Leonie lacht: „Na dann viel Spaß, so wie die hier alle herumflattern."

Lukas stellt sich neben Wiebke und leuchtet in den Nachthimmel: „Warum stoßen die vielen Fledermäuse eigentlich in der Luft nicht dauernd zusammen?"

Wiebke grinst: „Ganz einfach. Du leuchtest hier mit der Taschenlampe in die Dunkelheit und findest so deinen Weg. Die Fledermäuse haben auch eine Art Taschenlampe, eine ganz besondere: Sie nutzen gleichmäßige Töne zur Orientierung."

FLEDERMÄUSE

LEBENSWEISE

Fledermäuse sind nachtaktiv. Am Tag schlafen sie in Höhlen, Felsspalten oder in menschengemachten Unterschlüpfen wie Dachböden, Ruinen oder dem ehemaligen Militärbunker auf dem Porsche-Gelände. Die Tiere leben in großen Gruppen zusammen und suchen engen Körperkontakt zu ihren Artgenossen. Bei den meisten Arten bringen die Weibchen einmal im Jahr ein Junges zur Welt. Fledermäuse halten Winterschlaf.

ERNÄHRUNG

Die meisten Fledermäuse ernähren sich von Insekten, die sie im Flug erbeuten. Größere Arten fressen auch kleine Nagetiere oder Vögel. Vampirfledermäuse trinken das Blut anderer Tiere. Es gibt aber auch Fledermäuse, die reine Pflanzenfresser sind.

ORIENTIERUNG

Fledermäuse orientieren sich nicht mit den Augen. Sie verwenden ein Echo-Ortungssystem. Das heißt, sie stoßen Ultraschallwellen aus, die von Objekten in der Umgebung zurückgeworfen werden.

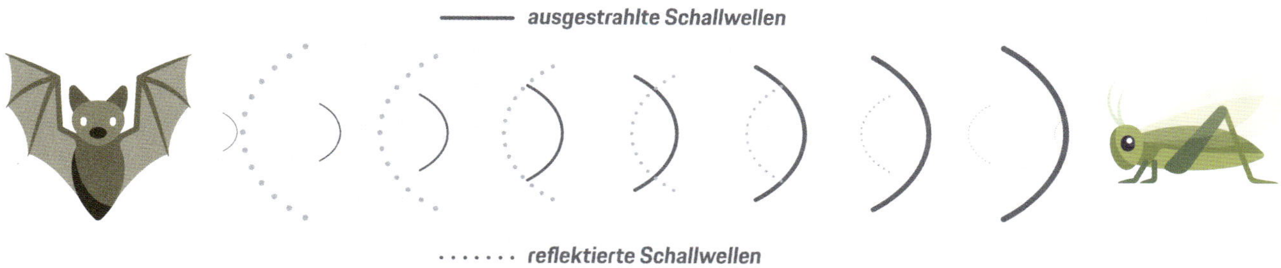

Das funktioniert ganz ähnlich wie bei der Einparkhilfe in einem Auto: Die Wellen, die Menschen nicht hören oder sehen können, kommen je nach Entfernung eines Hindernisses in unterschiedlicher Geschwindigkeit zurück. Im Auto erkennt man das, wenn die Einparkhilfe immer schneller piepst, je näher man zum Beispiel an eine Parkhauswand heranfährt. Die Fledermaus erkennt durch die zurückgeworfenen Ultraschallwellen, wie weit ein Insekt entfernt ist, mit welcher Geschwindigkeit und in welche Richtung es sich bewegt.

Großer Abendsegler

Mückenfledermaus

FLEDERMAUS-ARTEN AUF DEM PORSCHE-GELÄNDE

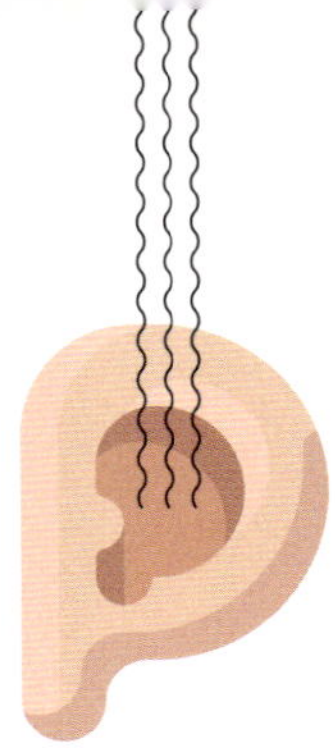

Der Ruf von Fledermäusen besteht aus einer Reihe von fünf oder mehr Tönen in Frequenzen (Schwingungszahl von Wellen pro Sekunde) zwischen **9 und 200 Kilohertz**. Menschen können aber Frequenzen nur im Bereich von **16 Hertz bis 18 Kilohertz** hören.

Die **Zwergfledermaus** erbeutet am Tag rund

500 – 1 200

Taufliegen.

Fledermäuse können **20 – 30 Jahre** alt werden.

Zu den **natürlichen Feinden** zählen heimische Raubtiere wie **Katzen, Greifvögel** und **Eulen**.

KÖRPERLÄNGE

2,9 – 3,3 cm bis **14 cm**

FLÜGELSPANNWEITE

13 – 15 cm bis **60 cm**

GEWICHT

1,7 – 2 g bis **200 g**

Fledermäuse gibt es schon sehr lange. Das **älteste Fossil** ist ungefähr

50 MILLIONEN

Jahre alt.

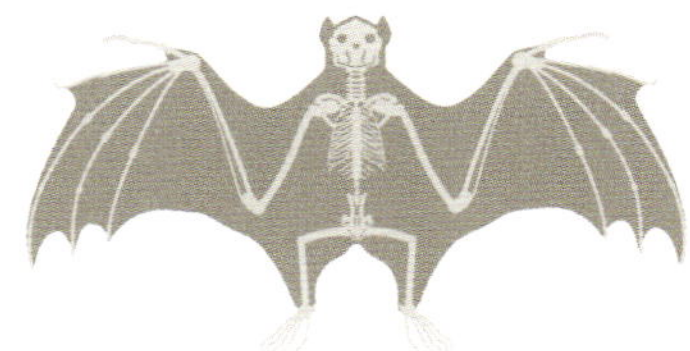

Der heutige Mensch (Homo sapiens) lebt erst seit rund **300 000 Jahren**.

Die größte Fledermausart ist die **Australische Gespenstfledermaus**.

Die kleinste Fledermaus ist die **Schweinsnasenfledermaus**.

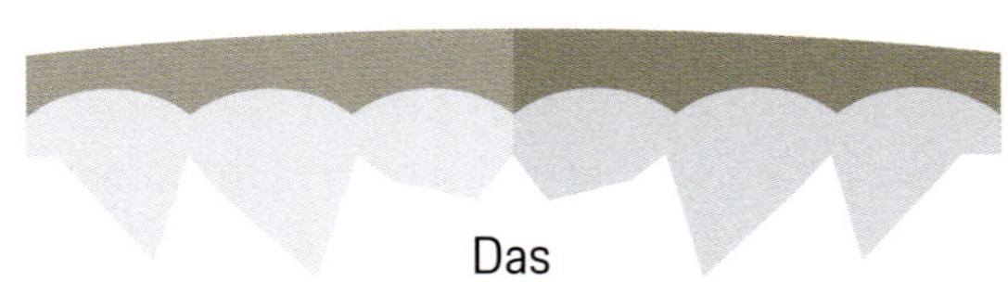

Das Fledermausgebiss zählt je nach Art **32 bis 38** Zähne.

SPIEL TIPP

Bildet einen Kreis, wählt ein Kind als Fledermaus und die anderen als Motten aus. Die Fledermaus muss mit verbundenen Augen innerhalb des Kreises die Motten fangen. Dabei wendet sie das Prinzip der Echo-Ortung an, indem sie versucht, ihre Beute nach Gehör zu schnappen: Sie ruft immer wieder „Fledermaus“. Die Motten antworten mit „Motte“.

Jetzt bei Tagesanbruch sind die Fledermäuse auf dem Weg zurück in ihr Schlafquartier, ein altes unterirdisches Gebäude. „Das sind rund 5 000 Tiere“, sagt Wiebke. „Wow“, staunt Leonie, und Lukas sagt: „Hoffentlich hast du dich nicht verzählt.“

Kalle bellt, und Leonie sagt: „Komm, Lukas, wir müssen los, den Förster finden.“ „Moment mal“, meint Wiebke. „Wir rufen ihn einfach an. Ich habe ja seine Nummer!“ Sie drückt die Wahltaste. Leonie und Lukas schauen sich an. Dann sagt Leonie: „Der Förster kann im Moment nicht ans Handy gehen, oder?“

Woher weiß Leonie, dass Förster Bertram im Moment telefonisch nicht erreichbar ist?

Angeber im Matsch

Leonie hat das Handy des Försters unter einem Busch gefunden. „Wir nehmen das mal mit“, meint Lukas. „Wie seltsam“, grübelt Wiebke. „Dann muss Bertram heute schon vor mir hier gewesen sein. Ich würde euch ja bei der Suche helfen, aber …“ „Die Fledermäuse!“, sagt Leonie. „Hier habt ihr meine Telefonnummer“, sagt Wiebke. „Wenn ihr Hilfe braucht, ruft mich an.“

Da fällt Leonie was ein: „Ich schicke unseren Eltern mal eine Nachricht, damit sie wissen, wo wir sind.“ Langsam wird es heller, die Kinder verabschieden sich von Wiebke und laufen weiter.

„Uiih“, schreit Lukas plötzlich. „Hier ist ja alles ganz matschig. Meine Socken werden ganz nass.“ Leonie dreht sich um: „Waaaaas?“

Lautes Quaken übertönt alles, und es wird mit jedem Schritt, den Leonie und Lukas machen, lauter. Leonie hält sich die Ohren zu: „Frösche! Das ist ja nicht auszuhalten. Die sollen untertauchen, damit Ruhe ist." Lukas schüttelt den Kopf: „Die leben nur als Kaulquappe dauernd unter Wasser. Wenn sie zum Frosch werden, brauchen sie Luft zum Atmen." „Dann sollen sie leiser atmen!", beschwert sich Leonie.

Leonie tritt fast auf einen Frosch. Der hüpft mit einem großen Sprung zur Seite. „Wieso habe ich den denn nicht gesehen, es ist doch fast hell?“

Sie holt ihr Handy aus der Tasche und tippt das Wort FROSCH ein. Dann hält sie Lukas das Smartphone unter die Nase: „Frösche passen sich der Umgebung an, damit ihre Feinde sie nicht sehen.“
Lukas nickt: „Im Moment sind sie dabei fast so laut wie ein Presslufthammer. Weißt du, warum die so laut quaken?“
Leonie schaut wieder aufs Handy und grinst: „Die Männchen wollen die Weibchen beeindrucken – Angeber halt!“

AMPHIBIEN

LEBENSWEISE

Unter der Bezeichnung Amphibien werden alle Landwirbeltiere zusammengefasst, die sich nur in Gewässern fortpflanzen können. Hierzu zählen Froschlurche, Schwanzlurche und Schleichenlurche. Sie legen Eier im Wasser ab. Daraus schlüpfen Larven. Die durchlaufen eine Metamorphose, das heißt, sie wandeln im Laufe der Entwicklung ihre Gestalt. Zunächst leben sie ausschließlich im Wasser und atmen wie Fische über Kiemen. Ausgewachsen atmen sie wie Säugetiere über eine Lunge und können daher an Land leben. Die Haut von Amphibien ist dünn, nackt, feucht und glatt oder auch warzig. In der Unterhaut befinden sich viele Schleim- und manchmal auch Giftdrüsen.

ERNÄHRUNG

Amphibien trinken nicht, sondern nehmen Wasser über die Haut auf. Außerdem gehören sie zu den Fleischfressern. Auf ihrer Speisekarte stehen zum Beispiel Insekten, Würmer oder Spinnen. Viele Arten jagen mit ihrer langen, klebrigen Zunge, die sie blitzartig hervorschnellen lassen können.

Froschlurche
Frösche, Kröten und Unken
(6 700 Arten)

Schwanzlurche
Salamander und Molche
(700 Arten)

Schleichenlurche oder Blindwühlen
(200 Arten)

AN LAND UND IM WASSER

ist auch der Porsche Cayenne zu Hause. Bis zu einem halben Meter Wassertiefe ist kein Problem.

AMPHIBIENARTEN AUF DEM PORSCHE-GELÄNDE

Erdkröte

Kammmolch

Laubfrosch

Teichfrosch

Teichmolch

Moorfrosch

8 mm misst die kleinste Froschart und ist damit das kleinste Wirbeltier der Welt.

40 cm groß ist der größte Frosch der Welt **(Goliathfrosch)**. Er wiegt bis zu 4 kg.

Lautstärkevergleich: Der Ruf der Froschmännchen ertönt mit bis zu **90 Dezibel**. Damit sind sie ungefähr so laut wie ein Presslufthammer.

Zu den **Fressfeinden** zählen: **Milan, Iltis, Uhu, Mäusebussard** und **Ringelnatter**.

Der giftigste Frosch der Welt **(Schrecklicher Pfeilgiftfrosch)** hat genug Gift, um **100 erwachsene Menschen** zu töten.

Ein **Ochsenfrosch** springt **2 m** weit. Das ist das **Zehnfache seiner Körperlänge!**

Mit ihren Schallblasen verstärken die Frösche ihr Quaken, deshalb ist es so laut.

Manche Froscharten können bis zu **20 Jahre** alt werden.

Der Lebenszyklus eines Froschs

BASTEL TIPP

FANGFROSCH

- leere Klopapierrolle
- Nadel und Faden
- Schere
- Klebestift
- Wasserfarben

LOS GEHT'S
Schneide die Klopapierrolle in der Mitte durch.

Nähe eine Seite der einen Hälfte mit dem Faden zu und lass ein langes Stück davon von innen herausschauen.

Schneide aus der anderen Hälfte vier Beine und eine Fliege.

Bemale die zugenähte Hälfte innen und außen und klebe die bemalten Beine darauf.

Klebe die bemalte Fliege an den Faden.

FERTIG!
Nun versuche, die Fliege einzufangen.

Lukas stapft noch einmal kräftig in eine Pfütze. Leonie springt zur Seite. „Muss das sein? Lass den Quatsch!" Lukas zeigt auf ein Schild: „Da lang geht es zu den Honigbienen." Aber Leonie packt ihn am Ärmel. „Halt, Bertram ist anscheinend mit dem Auto unterwegs und sicher nicht zu den Bienen gefahren."

Was hat Leonie gesehen? Woher weiß sie, wo der Förster hingefahren ist?

Segler im Wind

Leonie hat richtig kombiniert. Reifenspuren im Matsch deuten darauf hin, dass der Förster mit seinem Auto unterwegs und querfeldein weitergefahren ist. Als die beiden Kinder eine große Wiese erreichen, geht gerade die Sonne auf. Leonie streckt sich. „Oh, ist das schön hier. Wie die Vögel zwitschern!" „Die sind nicht so laut wie die Frösche und Kröten", freut sich auch Lukas.

Leonie bleibt plötzlich stehen: „Hör mal, ein Kuckuck. Den müsstest du kennen." Lukas dreht sich um: „Wieso?" Leonie grinst: „Der ist ein Faulpelz, so wie du. Anstatt selbst ein Nest zu bauen, legt er seine Eier einfach in die Nester von anderen Vögeln."

„Mann, wäre das cool, wenn ich ein Vogel wäre!“, lenkt Lukas ab. „Dann könnte ich richtig hoch fliegen und würde Förster Bertram sofort entdecken.“ Leonie lacht: „Du bist viel zu schwer. Du könntest gar nicht abheben.“ Lukas breitet seine Arme weit aus: „Aber ich wäre bestimmt extrem windschnittig und könnte mit meinen Flügeln ewig in der Luft segeln.“ Während Lukas vom Fliegen träumt, entdeckt Leonie etwas Spannendes: „Ich glaube, dort vorne erfahren wir sicher mehr.“

Eine Infotafel zur Porsche Safari zeigt, welche Vögel auf dem Werksgelände leben. „Wendehals? Hier gibt es ja komische Vögel!", sagt Leonie und liest vor. „Der Wendehals ist der einzige Specht, der keine eigenen Bruthöhlen bauen kann. Deshalb wirft er andere aus ihren Höhlen." Lukas staunt: „Manche Vögel sind ganz schön frech."

Ein Geräusch lässt die beiden Geschwister zusammenzucken. Es stammt eindeutig nicht von einem Vogel. Aus dem Dickicht kommt ein Schatten direkt auf sie zu. Ein Mann in Uniform. „Was macht ihr hier?", fragt er. „Wir suchen Förster Bertram. Und wer sind Sie?", fragt Lukas.

Der Mann beruhigt die beiden: „Ich bin Thorsten von der Werksicherheit. Ich mache gerade meinen Rundgang und kontrolliere die Zäune."

VÖGEL

LEBENSWEISE

Vögel gehören zu den Wirbeltieren. Allerdings weisen sie ein paar Besonderheiten auf: So sind ihre „Vorderbeine" zu Flügeln umgebildet. Außerdem bedecken Federn ihren Körper, und sie haben einen Schnabel, dafür keine Zähne. Die meisten der mehr als 10 000 Vogelarten können fliegen. Dafür dürfen sie nicht zu schwer sein oder brauchen sehr große Flügel (siehe Vergleich der Spannweiten auf der folgenden Seite). Der Vogel Strauß zum Beispiel kann nicht fliegen, er gehört zu den Laufvögeln. Alle Vögel legen Eier und brüten diese aus. Das heißt, sie wärmen sie, bis die Küken bereit sind zu schlüpfen. Charakteristisch ist das Zwitschern, auch Vogelsang genannt. Vögel singen unter anderem, um Partner anzulocken oder ihr Revier zu markieren.

ERNÄHRUNG

Die verschiedenen Vogelarten fressen eigentlich alles, was in der Natur vorkommt: von Beeren, Obst, Gräsern und Samen über Würmer, Schnecken, Larven bis zu Käfern, Fischen, Säugetieren und anderen Vögeln.

Raubvögel, wie zum Beispiel der Adler, jagen, indem sie ihre Beute aus großer Höhe mit den Augen erspähen und sich dann auf sie stürzen.

WINDSCHNITTIGKEIT

Damit Vögel mit einem möglichst geringen Kraftaufwand fliegen können, haben sie einen windschnittigen Körperbau. Im Prinzip ist ihr Körper geformt wie ein Tropfen. So bieten sie der Luft den geringsten Widerstand und werden nicht zu sehr gebremst.

Autohersteller wie Porsche schauen sich solche Formen von der Natur ab, um ihre Autos auch möglichst windschnittig zu gestalten.

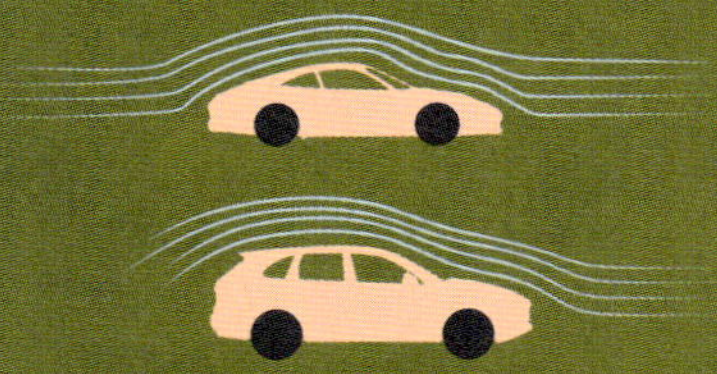

Wie du hier siehst, haben Sportwagen wie der 911 im Vergleich zu Gelände- oder Lastwagen einen deutlich geringeren Luftwiderstand.

VOGELARTEN AUF DEM PORSCHE-GELÄNDE

Kiebitz

Schwarzmilan

Sumpfrohrsänger

Weißstorch

Folgende Vogelarten leben ebenfalls auf dem Porsche-Gelände: Bussard, Feldschwirl, Flussregenpfeifer, Grünspecht, Habicht, Kuckuck, Mauersegler, Rotmilan, Sperber, Steinschmätzer, Turmfalke, Wachtelkönig und Wendehals.

Rotkehlchen-Junge fressen täglich etwa **2,6 m** Regenwurm.

SPANNWEITEN

Wanderalbatros	370 cm
Weißstorch	205 cm
Rotmilan	155 cm
Mäusebussard	120 cm
Habicht	105 cm
Turmfalke	75 cm
Amsel	38 cm

„Wo ist Kalle hin?"

Viele **Papageien** ahmen menschliche Stimmen nach.

Kaiserpinguine können Temperaturen von bis zu **-40 °C** überleben.

Der **Vogel Strauß** legt die größten Eier. Sie wiegen bis zu **2 kg.**

Der **Kolibri** schlägt bis zu **80** Mal pro Sekunde mit seinen Flügeln.

Flamingos stehen im Wasser meist nur auf einem Bein, damit ihnen nicht so schnell kalt wird.

Eulen können ihren Kopf um **270°** drehen.

Der **Zwergschwan** hat die meisten **Federn**, im Winter sind es bis zu **25 000**

Vögel besitzen mehrere unabhängige **Gleichgewichtsorgane**. Deshalb können sie auch bei Wind auf Ästen sitzen.

BASTEL TIPP

MEISENKNÖDEL

- **150 g Kokosfett**
- **1 kleines Netz**
- **150 g Futtermischung** (zum Beispiel Haferflocken, Weizenkleie, Sonnenblumenkerne ...)

Erwärme das Kokosfett auf dem Herd. Wenn das Fett heiß ist, kannst du die Futtermischung hineinrühren. Lass die Masse etwas abkühlen und forme sie dann zu einem Knödel. Den steckst du in das Netz. Hänge die **Meisenknödel** im Garten an einen Baum oder Strauch und beobachte, wie die Vögel sich über sie hermachen.

„Wie seid ihr hier reingekommen?“, fragt Thorsten. „Wir sind hinter Bertrams Hund her, durch ein Loch im Zaun“, sagt Lukas.

„Das muss ich mir ansehen“, meint Thorsten. „Aber vorher bringe ich euch zu Karsten, dem Tierpfleger. Vielleicht hat er Bertram gesehen.“ „Wo ist Kalle hin?“, wundert sich Lukas plötzlich. Leonie grinst: „Ich weiß zumindest, was er gemacht hat.“

Erfolgreiche Flucht

Kalle hat einen Hasen verfolgt. Aber der ist im Zickzackkurs so schnell weggerannt, dass der Hund keine Chance hatte, ihn zu schnappen. „Na, da hat Kalle zumindest Karsten aufgestöbert", schmunzelt Thorsten. „Die beiden kennen sich gut." Der Tierpfleger streichelt den Hund, der aufgeregt mit dem Schwanz wedelt. „Hat dein Herrchen dich vergessen?"

„Sie haben ihn gesehen?", fragt Leonie aufgeregt. „Er ist mit seinem Auto hier vorbeigefahren, als ich gerade ankam. Ich habe mir aber nichts dabei gedacht und mit der Arbeit angefangen", sagt Karsten. „Ich muss jetzt noch nach den Auerochsen und Ponys schauen und dann den Weidezaun dort drüben reparieren."

„Eine erste Spur also", sagt Thorsten zu Leonie und Lukas. „Okay, ihr könnt eure Suche fortsetzen. Folgt unterwegs am besten den Hinweisschildern. Ich sehe mir jetzt das Loch an, durch das ihr gekrabbelt seid." Thorsten macht sich auf den Weg, und die Kinder helfen Karsten dabei, einen besonders großen Strohballen zu zerkleinern.

SÄUGETIERE

LEBENSWEISE

Säugetiere bringen lebende Junge zur Welt, die an den Zitzen der Mutter Milch trinken. Auch wir Menschen zählen zu den Säugetieren. Natürlich unterscheiden wir uns in vielen Dingen: Wir haben zum Beispiel kein Fell (mehr). Während wir Kleidung tragen, um nicht zu frieren, nutzen die meisten Säugetiere ihr Fell aus Haaren, um eine gleichwarme Körpertemperatur zu halten. Die geschätzt mehr als 6 000 Säugetierarten werden in drei Klassen unterteilt:

Es gibt tag-, dämmerungs- und nachtaktive Tiere. Manche sind Einzelgänger, manche leben in Gruppen.

ERNÄHRUNG

Die Körpertemperatur zu regulieren, verbraucht Energie. Daher müssen die Tiere viel fressen. Unterschieden werden:

Je nach Futtervorliebe ist das Gebiss ausgebildet – Raubtiere beispielsweise haben spitze, scharfe Zähne, Kühe hingegen breite, stumpfe zum Zermahlen von Gras. Während Fleischfresser schnell verdauen und ausscheiden, brauchen Pflanzenfresser deutlich länger. Kühe etwa sind Wiederkäuer mit mehreren Magenkammern. In Ruhephasen würgen sie bereits geschluckte Nahrung wieder hoch, um sie noch mal zu verdauen.

RUNDUMSICHT

Bei Fluchttieren wie dem Hasen sitzen die Augen seitlich am Kopf. Dadurch können sie auch Feinde sehen, die sich von hinten nähern. Diese Fähigkeit hilft auch im Verkehr. Porsche nutzt zum Beispiel Sensoren seitlich am Fahrzeug, um dem Fahrer näher kommende Autos auch dann anzuzeigen, wenn er diese nicht im Spiegel sehen kann.

SÄUGETIERE AUF DEM PORSCHE-GELÄNDE

Dachs

Feldhase

Reh

Fuchs

Waschbär

Folgende Säugetiere leben ebenfalls auf dem Porsche-Gelände: Feldmaus, Iltis, Steinmarder und Wildkaninchen.

„Psst, leise! Da drüben ist wieder der Hase", flüstert Leonie und geht zwei Schritte auf ihn zu. Und schon ist er weg. „Oh schade, ich wollte ihn mir doch nur etwas aus der Nähe anschauen." Karsten erklärt: „Der ist zu schnell für dich. Außerdem hat er dich gesehen." Leonie runzelt die Stirn: „Wie denn das, der hat doch hinten keine Augen."

Lukas lacht: „Oh Schwesterherz. Nicht hinten, aber an der Seite. Der Hase kann so auch sehen, was hinter ihm passiert." Karsten lobt ihn: „Gut aufgepasst in der Schule!"

Leonie und Lukas laufen weiter und entdecken das Hinweisschild mit der Aufschrift „Auerochsen und Exmoor-Ponys". Sie wollen ihm schon folgen, als Leonie meint: „Ich glaube, dass der Förster in eine andere Richtung gefahren ist."

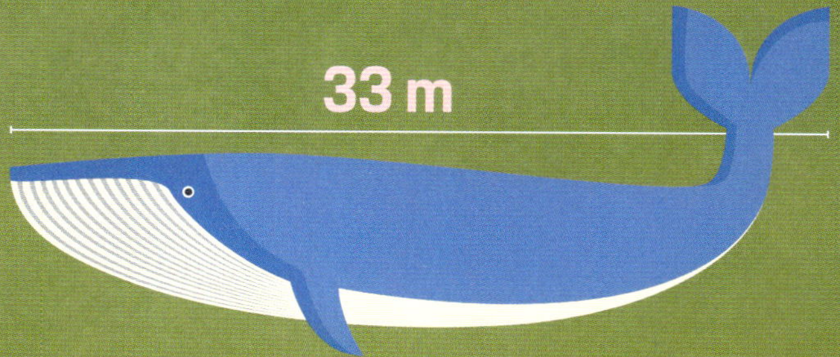

Das größte Säugetier ist der **Blauwal**. Er kann so lang werden wie zwei aneinandergereihte Sattelschlepper.

Das kleinste Säugetier ist die **Etruskerspitzmaus**, die mit ihrem Körper in einen Teelöffel passt.

Da **Pandas** fast den ganzen Tag damit verbringen, Bambus zu fressen, müssen sie bis zu **40 Mal** pro Tag ihr Geschäft verrichten.

Beim langsamen Laufen bewegt sich das **Känguru** auf „allen fünfen" fort. Es nutzt seinen Schwanz als zusätzliche Stütze.

Säugetiere ernähren ihre Jungen mit Muttermilch.

Alle Säugetiere haben Haare.

Säugetiere sind Wirbeltiere.

SPIEL TIPP

Schreibe verschiedene Tiernamen auf kleine, selbstklebende Zettel. Jedes Kind klebt sich einen Zettel auf die Stirn, wobei es nicht sehen darf, was auf dem eigenen Zettel steht. Die Kinder müssen durch Fragen an ihre Mitspieler herausfinden, welches Tier sie sind. Es darf nur mit „Ja" oder „Nein" geantwortet werden. Solange die Antwort „Ja" lautet, dürfen sie weitere Fragen stellen. Bei „Nein" kommt der nächste Spieler an die Reihe. Das Kind, das als Erstes sein Tier errät, hat gewonnen.

Obwohl das Fell von **Eisbären** weiß ist, ist ihre Haut darunter rabenschwarz. So wird den Bären bei Sonne schneller warm.

Otter halten während des Schlafens Händchen, damit sie im Wasser nicht voneinander wegtreiben.

Ameisenbären haben keine Zähne, aber ihre Zungen sind äußerst klebrig und können bis zu **60 cm** lang werden.

Achtung, Außerirdischer!

Leonie hat das platt gefahrene Gras zwischen den Büschen entdeckt und damit den Weg, den Förster Bertram in seinem Auto genommen hat. Leonie und Lukas gehen der Spur nach und kommen auf eine Wiese mit bunt blühenden Sträuchern. „Schnell weg, da sind ganz viele Bienen", kreischt Leonie.

Lukas hält seine Schwester zurück. „Warte, hör auf, mit den Armen zu fuchteln, die tun nichts. Schau mal, da ist ein Imker." „Wo?", fragt Leonie. „Na da drüben, der Mann mit dem Schutzanzug." „Der sieht ja aus wie ein Außerirdischer", sagt Leonie und kichert.

Der Imker legt Honigwaben vorsichtig zurück in einen Bienenstock. Dann kommt er auf die Kinder zu und sagt: „Ich bin Richard. Wenn ihr euch schon mal die Schutzkleidung anzieht, kann ich euch was über die Bienen erzählen."

„Anscheinend verwechselt er uns", flüstert Lukas seiner Schwester zu. „Ja", meint Leonie und setzt den Imkerhut auf, „aber was über Bienen höre ich mir gerne an."

„Wisst ihr eigentlich, warum man sagt, du bist fleißig wie eine Biene?", fragt Richard. „Klar, weil die Bienen fleißig Honig sammeln", sagt Lukas. „Die sammeln keinen Honig, sondern Nektar", kontert Leonie. „Genau", sagt Richard, „aber daraus wird Honig gemacht." Er erklärt, dass Bienen für ein Kilo Honig drei bis fünf Millionen Blüten anfliegen.

HONIGBIENEN

LEBENSWEISE

Honigbienen leben in Völkern, die aus einer Königin und vielen Tausend Arbeiterinnen bestehen. Bei Porsche ziehen die Honigbienen in Kästen ein, die der Imker für sie bereitstellt. In den Kästen stecken mehrere Rahmen. Daran bauen die Bienen Waben aus Wachs. Die Waben außen im Nest sind Nahrungsspeicher, in den Waben innen legt die Königin ihre Eier ab.

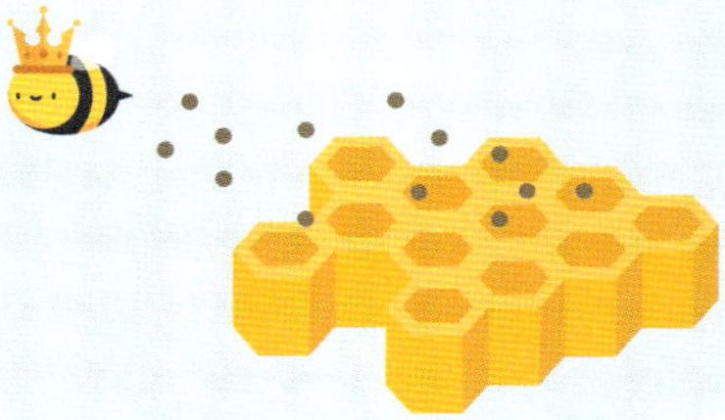

Aus den meisten Eiern werden Arbeiterinnen. Sie bauen und putzen das Nest, halten Wache oder sammeln Nahrung. Nur aus wenigen Eiern schlüpfen männliche Bienen, die Drohnen heißen. Sie haben nur eine Aufgabe: Königinnen zu befruchten.

REGULIERUNG DER TEMPERATUR

Der Nachwuchs der Bienen entwickelt sich nur bei 35 °C gut. Deshalb erhalten die Arbeiterinnen immer genau diese Temperatur.

Wird es zu kalt, drängen sich die Bienen im Kasten zusammen und vibrieren mit ihren Muskeln. Dadurch steigt ihre Körpertemperatur und es wird warm. Bei großer Hitze fächeln die Arbeiterinnen mit ihren Flügeln die heiße Luft aus dem Bau. Der Luftstrom kühlt das Nest ab.

Auch Autos von Porsche haben eine Klimaautomatik, die die Temperatur konstant hält. Die Automatik dreht bei Kälte die Heizung hoch oder schaltet bei Hitze die Kühlung ein.

ERNÄHRUNG

Arbeiterbienen saugen Nektar aus Blüten von Bäumen und Blumen. Einen Teil des Nektars lagern die Bienen in den Vorratswaben ein. Eigentlich sollen damit die Königin und die Larven gefüttert werden. Bei Honigbienen kommt aber oft der Imker dazwischen. Er zieht die Waben mit dem Nektar aus dem Kasten und macht Honig daraus. Damit die Bienen nicht verhungern, bekommen sie als Ersatz Zuckerwasser.

Wenn die Bienen Nektar aus den Blüten sammeln, bleiben an ihrem Körper Blütenpollen hängen. Die nehmen sie mit zur nächsten Pflanze und bestäuben ihre Blüten damit. Viele Pollen trägt die Biene an ihren Hinterbeinen ins Nest – als Nahrung für die Brut.

HONIGBIENEN AUF DEM PORSCHE-GELÄNDE

Bienenkästen

Nektarwabe

Honigbienen

Porsche-Honig „Turbienchen"

Ein **Bienenvolk** besteht aus etwa

60 000 Arbeiterinnen,

einigen **hundert Drohnen**

und **einer Königin**.

Jeder Deutsche isst im Schnitt **1 kg Honig** pro Jahr.

Honigbienen **sterben**, nachdem sie jemanden **gestochen** haben.

20 000 Bienenarten gibt es weltweit.

Davon sind **560 Arten** in Deutschland heimisch.

Entwicklung

Die höchste **Fluggeschwindigkeit** von Bienen beträgt „leer" etwa **70 km/h** und mit einem Pollensack beladen etwa **20 km/h**

Bienen stehen nach Rind und Schwein auf **Platz 3** der **wichtigsten Nutztiere** in Deutschland.

80 % der heimischen Pflanzenarten müssen von Bienen bestäubt werden. Ohne sie gäbe es weder Blumen noch Obst.

11 400 Mal schlagen Bienen pro Minute mit den Flügeln. So entsteht das **Summen.**

Bienen fliegen am liebsten **blaue und gelbe Blüten** an. Rot erkennen sie nicht.

Der größte Feind der Biene ist die **Varroamilbe**, die sich an ihr festsaugt und sich von ihrer Körperflüssigkeit ernährt.

In Deutschland halten rund **87 000 Imker 750 000 Bienenvölker.**

Bienen kommunizieren miteinander, indem sie tanzen.

Für **1 kg Honig** fliegt eine Biene etwa **3 x** um die Erde.

BASTEL TIPP

BIENENHOTEL

- leere Konservendose
- Kreppband
- Acrylfarben
- Schere
- Tonpapier
- Draht

LOS GEHT'S
Entferne den Deckel der Konservendose und überklebe vorsichtig die scharfen Kanten mit Kreppband.

Male die Dose mit den Acrylfarben bunt an und übermale auch das Kreppband.

Schneide das Tonpapier auf die Länge der Dose und rolle das Papier zu vielen kleinen Röllchen, die du mit Kreppband befestigst.

Fülle die Dose mit den Röllchen und binde den Draht mit einer Schlaufe zum Aufhängen drum herum. Damit die Wildbienen darin nisten, hänge das Bienenhotel im Garten oder auf dem Balkon auf. **FERTIG!**

„Bienen finde ich unheimlich", sagt Leonie und zeigt auf den Bienenstock, in dem es ziemlich laut summt. „Das Summen kommt von den Flügeln. Die Bienen schlagen ganz schnell damit, um die Temperatur im Bienenstock zu regulieren", erklärt Richard.

Eine Biene setzt sich auf Lukas' Handrücken. Er hält ganz still. Die Geschwister schauen sich das Insekt genau an. „Davon haben wir hier drei Millionen", sagt Richard. „Wow", meint Leonie. Die Biene schwirrt davon. „Wir sollten auch weiter", sagt Lukas. „Ich glaube, ich weiß jetzt, wo Bertram ist."

Erste Schritte

Lukas hat richtig kombiniert. Fünf Stationen, die auf dem Hinweisschild eingezeichnet waren, haben die Kinder schon besucht. Letzte Anlaufstelle sind die Auerochsen und die Exmoor-Ponys. Und tatsächlich: Schon von Weitem sehen Leonie und Lukas Bertrams Geländewagen. Kalle springt aufgeregt davon. „Da“, schreit Lukas, „da vorne ist er. Was macht der denn da?“

Der Förster flickt gerade ein Loch im Zaun, als er die Kinder entdeckt. Er erkennt Lukas sofort. „Was macht ihr denn hier? Und du, Kalle? Du solltest doch zu Hause bleiben!" Bertram streichelt seinen Hund. „Unser Leitbulle ist heute Nacht abgehauen, ich musste sofort herkommen und ihn wieder einfangen." „Und zu Hause ist dir Kalle ausgebüxt. Wir sind ihm hinterher, um dich zu suchen", sagt Leonie und übergibt ihm Hut und Handy. „Unterwegs hast du noch mehr verloren."

„Oh, danke, ich hatte es wirklich sehr eilig", sagt Bertram und dreht sich um. „Schaut mal, das Exmoor-Pony hat ein Fohlen bekommen." Leonie und Lukas sind ganz aufgeregt. Das Fohlen versucht gerade aufzustehen. Seine Beine sind aber noch ziemlich wacklig.

Leonie holt ihr Handy aus der Tasche. „Darf ich ein Foto machen?" „Klar", sagt Bertram. „Darf ich es streicheln?", will Lukas wissen. „Wenn du vorsichtig bist", sagt Bertram. Auch Leonie streichelt das Fohlen. „Wie weich das Fell ist!" Lukas staunt: „Wow, das kleine Pony kann ja schon stehen und sogar gehen!" Bertram streichelt die Stute. „Sie ist ziemlich erschöpft. Das war offenbar keine leichte Geburt. Aber zum Glück ist ja alles gut gegangen." Kalle bellt – als würde er Bertram zustimmen. Alle lachen.

AUEROCHSEN & EXMOOR-PONYS

LEBENSWEISE

Auerochsen und Exmoor-Ponys haben vieles gemeinsam. Sie leben gerne in der Wildnis und sie sind sehr ursprüngliche Tiere. Exmoor-Ponys sind sogar eng mit den Urpferden verwandt. Moderne Auerochsen sind eine Rückzüchtung und heißen eigentlich Heckrinder. Sie sind dem ausgestorbenen Auerochsen aber so ähnlich, dass sie mittlerweile seinen Namen tragen.

Auerochsen und Exmoor-Ponys leben in Herden. Männchen, Weibchen und Jungtiere ziehen zusammen von Weideplatz zu Weideplatz und leben das ganze Jahr im Freien. Sie sind genügsam und sehr widerstandsfähig. Deshalb brauchen sie den Menschen nicht, um kalte Winter und harte Sommer zu überstehen. Bei Porsche leben die Tiere auf den Wiesen und Heiden im Offroad-Gelände.

ERNÄHRUNG

Exmoor-Ponys und Auerochsen lieben saftige Heidelandschaften. Dort fressen sie sich an Gräsern satt, knabbern aber auch gerne an Zweigen und Blättern von Sträuchern. Damit sind beide Tiere ideale Landschaftspfleger. Sie verhindern den Wildwuchs von Unkräutern, Bäumen und Sträuchern. So entstehen echte Naturlandschaften, die Lebensraum für andere Wildtiere sind.

PFERDESTÄRKEN

Die Leistungsfähigkeit eines Automotors wird oft mit Pferdestärken (PS) bezeichnet. Diese Einheit hat sich der schottische Erfinder James Watt vor etwa 200 Jahren ausgedacht, weil er die Kraft seiner Dampfmaschine verständlich beschreiben wollte. Watt wollte seine Dampfmaschine hauptsächlich an Besitzer von Mühlen und Bergbaugruben verkaufen. Dort waren damals Pferde beliebte Zugtiere. Also berechnete Watt, wie viele Pferde seine Dampfmaschine ersetzen kann. Allerdings kann man gar nicht so genau sagen, wie viel Kraft ein Pferd wirklich hat. Schließlich ist jedes Tier unterschiedlich. Deshalb ist die Bezeichnung Pferdestärke zwar noch beliebt und erlaubt, korrekt ist aber die Bezeichnung Watt oder Kilowatt bei Autos. Ein PS sind ungefähr 735 Watt.

EXMOOR-PONYS UND AUEROCHSEN AUF DEM PORSCHE-GELÄNDE

Exmoor-Ponys

Auerochsen

Jungtier eines Auerochsen

1627 starb die letzte Auerochsenkuh dieser Wildart in den **Wäldern südlich von Warschau**.

Höhlenmalereien und **Knochenfunde** gaben Rückschluss auf das Aussehen der Auerochsen.

Durch seine kleine Größe und das freundliche, ruhige Wesen eignet sich das Exmoor-Pony in besonderem Maß als **Reitpony für Kinder**.

Der **kräftige Kiefer** mit den **großen Zähnen** ermöglicht den Exmoor-Ponys das Fressen von **sehr harten** und **groben Pflanzen**.

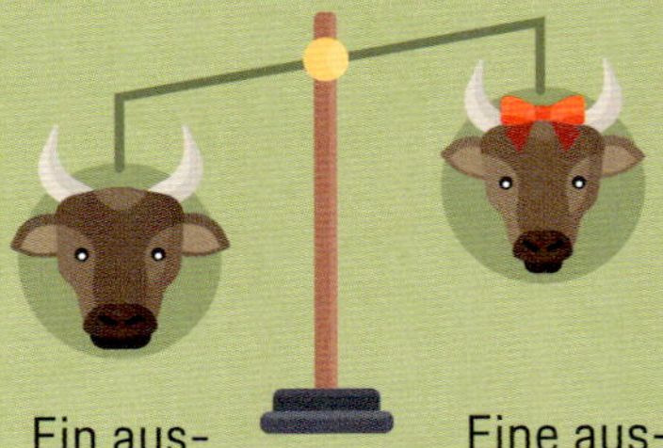

Ein ausgewachsener **Auerochsen-Bulle** wiegt bis zu **1000 kg**.

Eine ausgewachsene **Auerochsen-Kuh** wiegt bis zu **600 kg**.

Jahre alt können Auerochsen werden.

Ihre Nasenpartien sind weiß gefärbt. Man nennt das **„Mehlmaul"**.

Ponys haben eine Schulterhöhe von nur knapp 1,30 Meter. Dadurch können sie sich im Exmoor gut vor Wind und Wetter verstecken. Auerochsen kommen dagegen auf 1,80 Meter.

Exmoor-Ponys sind richtige **Wildpferde** und kommen aus dem **Südwesten Englands**. Dieses Gebiet südlich des Bristol Channel ist heute der **Exmoor-Nationalpark**.

Durch ihr **Winterfell** sind Auerochsen gegen Temperaturen bis zu **-25 °C** gut geschützt.

BASTEL TIPP

HUFEISEN-WERFEN

Schere — dicker Pappkarton — Klebestift — Alufolie — buntes Garn — Stock

LOS GEHT'S
Schneide aus der Pappe pro Mitspieler drei Hufeisen aus.

Klebe jeweils drei Ausschnitte aufeinander, um ein dickeres, stabiles Hufeisen zu erhalten.

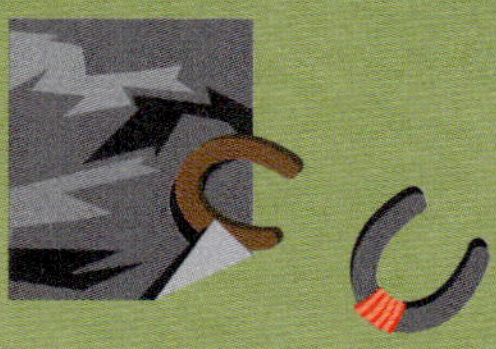

Wickle die Alufolie ganz fest um das Papp-Hufeisen, ebenso wie ein wenig Garn in der Farbe deiner Wahl. **FERTIG!**

Steckt nun den Stock auf einer Wiese fest in die Erde. Alle Mitspieler stehen im Abstand von drei bis sechs Metern vom Stab entfernt. Dann wirft jedes Kind sein Hufeisen so, dass es möglichst um den Stab liegen bleibt oder ihm näher liegt als die Hufeisen der anderen Spieler.

Plötzlich sind Stimmen zu hören. Wiebke, Karsten, Thorsten und Richard tauchen auf und bestaunen das Neugeborene. Die Nachricht scheint sich schnell herumgesprochen zu haben.

„Wie heißt denn das Fohlen?“, fragt Karsten.
Bertram schaut Leonie und Lukas an. „Habt ihr einen Vorschlag? Es ist übrigens ein Stuten-Fohlen, also ein Mädchen.“
Die Kinder tuscheln kurz. Dann sagt Leonie: „Wie wäre es mit Stella?“
Bertram nickt: „Okay, dann lassen wir Stella jetzt am besten etwas in Ruhe. Es wird Zeit, dass ihr wieder nach Hause kommt. Ich fahre euch.“

Die Kinder steigen ins Auto. Wisst ihr übrigens, dass ihr die Porsche Safari ganz alleine gemeistert habt?“, fragt Förster Bertram und lacht. Die Kinder strahlen. Was für ein spannendes Abenteuer!

DAS OFFROAD-GELÄNDE

Riesiger Lebensraum
Willst du auch so ein Abenteuer wie Leonie und Lukas erleben? Bei der Porsche Safari geht das wirklich. Leonie und Lukas waren nämlich auf dem Gelände rund um die Erlebnisstrecke für Kunden des Porsche-Werks in Leipzig unterwegs. Dort hat Porsche einen riesigen Lebensraum für Tiere und Pflanzen geschaffen, den Kinder auf einem vier Kilometer langen Rundweg erkunden können.

So groß wie 180 Fußballfelder
Ursprünglich war das Gelände ein Übungsplatz für das Militär. Porsche hat es ab dem Jahr 2000 zu einer Offroad-Strecke für die viertürigen Geländewagen umgebaut, die Porsche Leipzig seit 2002 fertigt. Die sechs Kilometer lange Strecke belegt aber nur ein Drittel der Fläche, auf der 180 Fußballfelder Platz haben. Rundherum wachsen in einer hügeligen Naturlandschaft Gräser, Sträucher, Bäume und Blumen. Dieses Land hat Porsche renaturiert. Schon 2002 zogen die ersten Auerochsen und Exmoor-Ponys auf die Weiden. Später kamen drei Millionen Honigbienen dazu. Außerdem leben Wildtiere wie Fledermäuse, Greifvögel und Frösche auf dem Gelände.

Autofabrik in der Natur
Genauso wie die Tierpopulation ist auch das Werk Leipzig gewachsen. Heute baut Porsche dort den Panamera und den Macan. An diesem Standort sind mehr als 4 300 Mitarbeiter beschäftigt. In Leipzig trifft modernste Technik auf behütete Natur.

Beeindruckender Wandel

Vom Exerzierplatz zur Beweidungslandschaft.

Das Offroad-Gelände von Porsche Leipzig erzählt eine spannende Geschichte.

Bis 1990
... wurde das Gelände als Truppenübungsplatz genutzt. Rund 100 Jahre lang marschierten hier militärische Truppen und hielten Paraden ab.

Im Jahr 2000
... begannen die Bauarbeiten für das Porsche-Werk Leipzig. Als Ausgleich für den Eingriff entstand auf 132 Hektar das Offroad-Gelände.

Heute
... weiden hier auf naturbelassenen 99 Hektar Auerochsen und Exmoor-Ponys. Die grasenden Landschaftspfleger halten das Gelände offen.

ERLEBE DEINE EIGENE PORSCHE SAFARI

Auf Tour mit Umweltpädagogen

Bei der Porsche Safari kannst du die Tierwelt auf dem 132 Hektar großen Offroad-Gelände von Porsche Leipzig entdecken. Der rund vier Kilometer lange Wanderweg schlängelt sich über das gesamte Areal. Geführt von Umweltpädagogen der Auwaldstation Leipzig (siehe Seite 49), kommst du dabei an neun Erlebnisstationen vorbei, an denen du mehr über Pflanzen und Tiere erfährst.

Perfekter Lebensraum

Eine Safari dauert etwa vier Stunden. In dieser Zeit lernst du zum Beispiel, wie Bienen beim Sammeln von Nektar den Fortbestand der Blütenpflanzen sichern. Außerdem erfährst du, warum Auerochsen und Exmoor-Ponys dabei helfen, dass die Graslandschaft nicht ungepflegt zuwächst. Wenn du genau hinschaust, kannst du Frösche und Kröten beobachten, die in den Wassergräben heimisch geworden sind. Insgesamt ist das Gelände ein perfekter Lebensraum für Wildtiere wie Dachse, Schwarzmilane oder Fledermäuse.

Die Erlebnisstationen der Porsche Safari

1. **Entwicklung des Geländes**
2. **Amphibien**
3. **Säugetiere**
4. **Welcher Vogel hat welche Flügelspannweite?**
5. **Blüten, Dornen und Honigbienen**
6. **Vogelwelt**
7. **Auerochsen und Exmoor-Ponys**
8. **Fledermäuse**
9. **Zugvögel**

Natur und Autos vereint

Im Fokus der Safari stehen die Tiere und Pflanzen des Umweltprojekts im Leipziger Porsche-Werk. Nebenbei erfährst du aber auch immer wieder, wo die Autos von Porsche Eigenschaften der Natur quasi abgeschaut haben. So kommen zum Beispiel nicht nur Frösche und Kröten an Land und im Wasser klar, sondern auch der Porsche, der auf der Offroad-Strecke durch einen 100 Meter langen Wassergraben fahren muss.

Infos von Experten

Die Porsche Safari gehört mittlerweile zum festen Programm der Auwaldstation Leipzig. Deren Umweltpädagogen bieten an mehreren Terminen im Jahr Exkursionen zu den Auerochsen und Exmoor-Ponys an. An Sonderterminen mit Schwerpunkt Honigbienen begleitet ein Imker die Exkursion – und hält Schutzkleidung parat!

FÜR WEN IST DIE PORSCHE SAFARI?

Im Rahmen des Sommerferienprogramms können **Kinder und Jugendliche im Alter zwischen 7 und 13 Jahren** das Gelände besuchen.

Auch **Schulklassen** und **Familien** können auf Safari gehen. Einzige Voraussetzung: Das Mindestalter der Kinder beträgt sieben Jahre.

An einigen Terminen begleitet ein **Imker** die Exkursion.

WELCHE AUSRÜSTUNG IST NÖTIG?

Um den rund **vier Kilometer** langen Wanderweg entlang der Erlebnisstationen genießen zu können, sind folgende Dinge mitzubringen und zu beachten:

Bequemes Schuhwerk und **wetterfeste Kleidung**

Ausreichend **zu trinken** mitbringen

Bei schönem Wetter **Sonnencreme** nicht vergessen

Picknick für unterwegs einpacken

WAS KOSTET EIN BESUCH?

Die Teilnahmegebühr beträgt für Kinder und Erwachsene **fünf Euro**.

WO KANN MAN SICH ANMELDEN?

Die Anmeldung für die Porsche Safari erfolgt direkt über die Auwaldstation Leipzig.

Telefon
0341 – 462 18 95

E-Mail
auwaldstation@t-online.de

Internet
www.auwaldstation.de

WER KANN WEITERE FRAGEN BEANTWORTEN?

Porsche
Unternehmenskommunikation
Standort Leipzig

Porschestraße 1
04158 Leipzig
Telefon: 0341 – 999 13 450

WO ERFAHRE ICH NOCH MEHR ÜBER DIE PORSCHE SAFARI?

QR-Code mit dem Smartphone einscannen und die Porsche Safari im Video erleben.

porsche-leipzig.com/safari

IMPRESSUM

Herausgeber
Porsche Leipzig GmbH

Verantwortlich
Kristin Bergemann,
Unternehmenskommunikation

Anschrift
Porsche Leipzig GmbH
Porschestraße 1, 04158 Leipzig

Konzept, Gestaltung und Redaktion
Campra GmbH

Illustrationen
Julia Christians
Campra/Juliane Herrmann

Covergestaltung
das verlagsatelier ROMY POHL

Textlektorat
Petra Bachmann

Bildnachweise
Porsche Leipzig GmbH, Shutterstock

© 2020 arsEdition GmbH,
Friedrichstraße 9, D-80801 München

ISBN 978-3-8458-4289-9

www.arsedition.de

MAP09082020

FSC
www.fsc.org
MIX
Papier aus verantwortungsvollen Quellen
FSC® C002795

Hast du eigentlich den Grashüpfer Timmy entdeckt?
Er hat sich in jedem Kapitel versteckt.